BEI GRIN MACHT SICH IHR WISSEN BEZAHLT

- Wir veröffentlichen Ihre Hausarbeit, Bachelor- und Masterarbeit

- Ihr eigenes eBook und Buch - weltweit in allen wichtigen Shops

- Verdienen Sie an jedem Verkauf

Jetzt bei www.GRIN.com hochladen und kostenlos publizieren

Bibliografische Information der Deutschen Nationalbibliothek:

Die Deutsche Bibliothek verzeichnet diese Publikation in der Deutschen Nationalbibliografie; detaillierte bibliografische Daten sind im Internet über http://dnb.d-nb.de/ abrufbar.

Dieses Werk sowie alle darin enthaltenen einzelnen Beiträge und Abbildungen sind urheberrechtlich geschützt. Jede Verwertung, die nicht ausdrücklich vom Urheberrechtsschutz zugelassen ist, bedarf der vorherigen Zustimmung des Verlages. Das gilt insbesondere für Vervielfältigungen, Bearbeitungen, Übersetzungen, Mikroverfilmungen, Auswertungen durch Datenbanken und für die Einspeicherung und Verarbeitung in elektronische Systeme. Alle Rechte, auch die des auszugsweisen Nachdrucks, der fotomechanischen Wiedergabe (einschließlich Mikrokopie) sowie der Auswertung durch Datenbanken oder ähnliche Einrichtungen, vorbehalten.

Impressum:

Copyright © 2016 GRIN Verlag, Open Publishing GmbH
Druck und Bindung: Books on Demand GmbH, Norderstedt Germany
ISBN: 9783668474314

Dieses Buch bei GRIN:

http://www.grin.com/de/e-book/370049/der-produktlebenszyklus-theoretischer-hintergrund-und-praktische-anwendung

Julia Welk

Der Produktlebenszyklus. Theoretischer Hintergrund und praktische Anwendung

GRIN Verlag

GRIN - Your knowledge has value

Der GRIN Verlag publiziert seit 1998 wissenschaftliche Arbeiten von Studenten, Hochschullehrern und anderen Akademikern als eBook und gedrucktes Buch. Die Verlagswebsite www.grin.com ist die ideale Plattform zur Veröffentlichung von Hausarbeiten, Abschlussarbeiten, wissenschaftlichen Aufsätzen, Dissertationen und Fachbüchern.

Besuchen Sie uns im Internet:

http://www.grin.com/

http://www.facebook.com/grincom

http://www.twitter.com/grin_com

EC Europa Campus Mannheim

„Marketing 2" (SS 2016)

Wissenschaftliche Arbeit

Der Produktlebenszyklus
Theoretischer Hintergrund und praktische Anwendung

im Studiengang Bachelor of Arts Business Management

Schwerpunkt Mode-, Trend- und Markenmanagement

vorgelegt

von Julia Welk

am 28.06.2016

Abbildungsverzeichnis

Abbildung 1: Produktlebenszyklus 5

Inhaltsverzeichnis

Abbildungsverzeichnis II
1   Einleitung 4
2   Der Produktlebenszyklus 5
   2.1   Entwicklungsphase 6
   2.2   Markteinführungsphase 6
   2.3   Wachstumsphase 6
   2.4   Reifephase 7
   2.5   Degenerationsphase 7
3   Praktische Anwendung 8
   3.1   Praxisbeispiel Coca-Cola 8
4   Fazit 9
Literatur- und Quellenverzeichnis 10

1 Einleitung

Unternehmen forschen nach Erkenntnissen, wie sie ihre Erfolgschancen verbessern können, da viele Produkteinführungen misslingen. Der Erfolg einer Produkteinführung hängt davon ab, ob ein besonderes und konkurrenzausstechendes Produkt entwickelt wurde. Daher muss bereits vor Beginn der Entwicklungsarbeiten des Produkts das Vorhaben explizit definiert sein. Dazu gehört die genaue Analyse der Zielmärkte, der Produkterfordernisse sowie der Nutzen des Produkts. Jedoch stehen Unternehmen häufig vor dem Problem, dass ihre erfolgreichen Produkte von der Konkurrenz adaptiert werden. Deshalb müssen Unternehmen stets neue Produkte darbieten, um ihre Existenz am Markt zu erhalten. Um dem Konkurrenzproblem entgegenzuwirken, ist die sorgfältige Realisierung der Produktplanung und der Definition eines planmäßigen Entwicklungsprozesses Pflicht. Dabei bedienen sie sich verschiedenen Analysekonzepten, um ihr Produkt von Beginn an analysieren können (vgl. Kotler, Armstrong, Wong, Saunders 2011, 644). Die folgende Arbeit setzt sich mit dem Controlling-Instrument des Produktlebenszyklus auseinander. Zuerst wird der theoretische Hintergrund des Konzepts betrachtet. Dieser enthält die Definition und die detaillierte Beschreibung des S-Kurvenmodells. Anschließend wird Anhand des Erfolgsprodukts Coca-Cola das Konzept kritisch beleuchtet.

2 Der Produktlebenszyklus

Das Produktlebenszyklusmodell ist ein wichtiges Konzept in der Betriebswirtschaftslehre. Es beschreibt den Verlauf von Absatz bzw. Umsatz von der Entwicklung bis zur Eliminierung eines Produkts (vgl. Rennhak/Opresnik 2016, 70). Der idealtypische Produktlebenszyklus unterteilt sich in die fünf Phasen Entwicklung, Einführung, Wachstum, Reife und Degeneration (vgl. Kotler, Armstrong, Wong, Saunders 2011, 666). Den üblichen Darstellungen des Produktlebenszyklus liegt die Annahme zu Grunde, dass die Existenz eines Produkts am Markt zeitlich begrenzt ist. Aus diesem Grund besteht die Aufgabe darin zu erforschen, welche Marketingmaßnahmen für ein Produkt am besten geeignet sind, um es möglichst lange am Markt erhalten zu können (vgl. Kuß 2006, 117). Abbildung 1 zeigt das Modell eines klassischen Produktlebenszyklus.

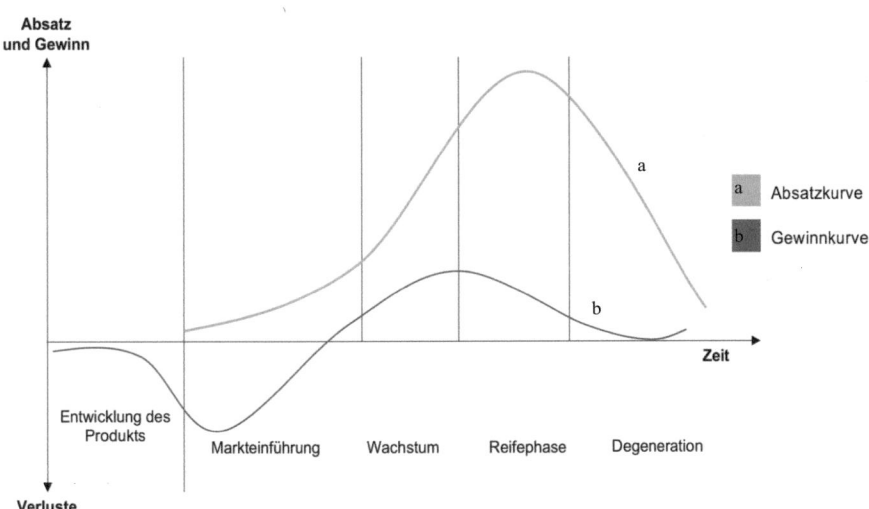

Abbildung 1: Eigene Darstellung in Anlehnung an Kotler, Armstrong, Wong, Saunders

2.1 Entwicklungsphase

In der Entwicklungsphase entsteht die Idee für ein neues Produkt, sowie die Entscheidung dieses Produkt herzustellen. Hier ist vor allem, die Forschungs- und Entwicklungsabteilung unentbehrlich, da diese für die Umsetzung der Idee in ein überlebensfähiges Produkt verantwortlich ist. Während dieser Phase entstehen sehr hohe Entwicklungskosten, was zur Folge hat, dass keine Verkaufserlöse erzielt werden (vgl. Kotler, Armstrong, Wong, Saunders 2011, 666).

2.2 Markteinführungsphase

In der Markteinführungsphase wird das neue Produkt, zunächst mit einer geringen Stückzahl, zum ersten Mal auf dem Markt vorgestellt. Deshalb nimmt das Produkt zunächst viel Zeit in Anspruch, bis es eine höhere Akzeptanz erfährt und letztendlich in die Wachstumsphase einsteigen kann. Diese Phase kennzeichnet sich durch hohe Werbeanstrengungen. Außerdem entstehen hohe Vorlaufkosten für die Forschung und Entwicklung, Marktforschung, Vertriebskosten etc. Es entstehen auch durch die geringe Ausbringungsmenge hohe Produktionskosten. Das führt dazu, dass in dieser Phase sehr geringe oder auch negative Gewinne, sprich Verluste erzielt werden. Aus Marketingstrategischer Sicht ist diese Phase einer der wichtigsten Phasen, da sich hier entscheidet, ob das Produkt überlebensfähig ist und künftig Gewinne erwirtschaften wird oder ob es eliminiert werden muss (vgl. Kotler Armstrong, Wong, Saunders 2011, 670). Sobald die Gewinnschwelle, der sogenannte Break-Even-Point erreicht ist, endet die Einführungsphase (vgl. Hofman 2014, 11).

2.3 Wachstumsphase

Die Wachstumsphase kennzeichnet sich durch eine rapide Absatzsteigerung. Wenn die Innovatoren der Einführungsphase zufrieden sind, kann es dem Unternehmen gelingen weitere Kunden zu gewinnen, die sogenannten frühen Adaptoren. Auch den frühen Adaptoren werden weitere Kunden folgen, insbesondere wenn das Produkt ein positives Image besitzt. Ziel dieser Phase ist ein schnelles Wachstum, sowie Bekanntheitssteigerung durch Werbemaßnahmen und das Verteidigen des Marktanteils gegenüber der Konkurrenz. Die zunächst geringen Stückzahlen steigen in der Wachstumsphase, was zu Folge hat, dass die Produktionskosten sinken und die Gewinne steigen. Wichtig in dieser Phase ist, dass sich das Management zwischen hohem Marktanteil und hohem Gewinn entscheidet. Falls die Entscheidung auf einen hohen Marktanteil fällt, ist mit hohen Ausgaben zu rechnen. Beispielsweise für Werbung, Produktverbesserungen oder auch Sonderaktionen. Daraus folgt das Einbüßen eines hohen gegenwärtigen Gewinns, welcher jedoch in der Reifephase realisiert werden soll (vgl. Kotler, Armstrong, Wong, Saunders 2011, 671).

2.4 Reifephase

Wenn sich das Absatzwachstum verlangsamt befindet sich das Produkt in der Reifephase. Diese Phase kennzeichnet sich dadurch, dass sie meist die längste Marktphase ist und die Wachstumsraten nur noch mäßig zu erwarten sind. Da sich die meisten Produkte in der Reifephase befinden, beschäftigt sich das Marketing hauptsächlich mit dieser Phase. Dadurch sind die Anforderungen an das Marketing sehr hoch. Auch die Konkurrenz nimmt in dieser Phase zu, was zur Folge hat, dass Preise gesenkt werden, um sich am regressiven Markt noch Anteile sichern zu können. Außerdem werden sowohl die Werbemaßnahmen als auch der Aufwand für die Forschung und Entwicklung erhöht, um die Marktposition zu verteidigen und die Reifephase zu verlängern. Daraus resultiert der Gewinnrückgang bei allen Wettbewerbern. Eine positive Folge ist, dass schwache Konkurrenten dabei aus dem Markt ausscheiden. Um die Reifephase möglichst lange zu erhalten, müssen die Produkte ständig an den Markt und die Kundenbedürfnisse angepasst werden. Strategien wären beispielsweise das Erschließen neuer Marktsegmente und Zielgruppen, Produktverbesserungen oder auch das Ändern des Marketing-Mix (vgl. Kotler Armstrong, Wong, Saunders 2011, 672-673).

2.5 Degenerationsphase

Die Degenerationsphase auch Rückgangsphase genannt, kennzeichnet sich durch einen Absatz- und Gewinnrückgang. Gründe dafür sind beispielsweise der technische Fortschritt, veränderte Kundenbedürfnisse oder Marktverdrängung durch Wettbewerber. Die operativen Marketingziele sind zum einen die Kostensenkung, zum Beispiel durch Reduzierung oder Einstellung der Werbemaßnahmen. Zum anderen werden Absatzmöglichkeiten gesucht, beispielsweise durch Sonderverkäufe. Außerdem muss zu diesem Zeitpunkt darüber entschieden werden, ob das Produkt eliminiert oder repositioniert wird. Bei der Eliminierung wird das Produkt vom Markt genommen. Bei der Repositionierung beziehungsweise beim „Relaunch", ist das Ziel mit dem Produkt ein weiteres Mal in die Wachstumsphase zurückzukehren (vgl. Kotler Armstrong, Wong, Saunders 2011, 673-674).

3 Praktische Anwendung

Das Produktlebenszykluskonzept kann verschieden angewendet werden. So findet es Verwendung bei verschiedenen Produktklassen, bestimmen Modellen oder auch einzelnen Produkten (vgl. Kotler, Armstrong, Wong, Saunders 2011, 667). Da es sich bei dem Produktlebenszyklus um einem idealtypischen und nicht um einen festen Verlauf handelt, kann die Umsatz- und Absatzentwicklung von Produkt zu Produkt variieren. Außerdem hängt der Produktlebenszyklus stark von internen und externen Einflüssen ab. Interne Einflüsse sind beispielsweise Marketingmaßnahmen, welche die Lebensdauer eines Produkts verlängern oder auch verkürzen. Zu den externen Einflüssen gehören zum Beispiel Maßnahmen der Wettbewerber (vgl. Rennhak/Opresnik 2016, 72).

3.1 Praxisbeispiel Coca-Cola

Gegen die Annahme, dass die Existenz eines Produkts am Markt zeitlich begrenzt ist, spricht das Produkt Coca-Cola. Dieses Produkt widerspricht diesem Kreislauf und scheint nahezu unsterblich zu sein, denn es befindet sich seit über 125 Jahren in der Wachstumsphase des Produktlebenszyklus. 1886 entdeckte der Apotheker John Stith Pemberton in Atlanta die Formel für das Sodamixgetränk Coca-Cola, welches allerdings gegen Kopfschmerzen und Müdigkeit helfen sollte. Aus der einstigen Formel für ein Apotheken-Getränk entstand ein ganzes Unternehmen mit einem jährlichen Absatz an Coca-Cola Markenprodukten von 160 Milliarden Litern (vgl. Coca-Cola). Bei einem Unternehmen wie Coca-Cola wird das weitere Marktwachstum eines Produkts durch das Marktpotenzial beschränkt. Um ein dauerhaftes Wachstum gewährleisten zu können, muss Coca-Cola neue Produkte entwerfen (vgl. Schwarz/Krajger/Dummer 2013, 145). Im Jahr 1982 (in Deutschland 1983) wurde die Coca-Cola Light eingeführt. Gefolgt von Coca-Cola Cherry, Coca-Cola Light koffeinfrei, Coca-Cola Light Lemon C, Coca-Cola Zero und Coca-Cola Life (vgl. Coca-Cola). Durch die verschiedenen Sorten werden parallel versetzte Produktlebenszyklen vorausgesetzt, welche ein beständiges Wachstum sichern. Wie die Kurve des Produktlebenszyklus verdeutlicht, muss mit der Entwicklung des Folgeprodukts schon vor der Degenerationsphase des bestehenden Produkts angefangen werden, da die Geldmittel sonst nicht ausreichen. Wenn die Gewinnanteile der Produkte die bereits am Markt sind in Innovationen investiert werden, kann ein Unternehmen wie Coca-Cola mit kontinuierlichen Erträgen und Marktwachstum rechnen (vgl. Schwarz/Krajger/Dummer 2013, 145).

4 Fazit

Das Produktlebenszyklusmodell ist ein sehr häufig angewandtes Controlling-Instrument. Im Optimalfall lässt sich der Erfolg eines neuen Produkts am idealtypischen Produktlebenszyklus ablesen. Am Produktlebenszyklus zu kritisieren ist, dass er nicht für alle Produkte und Marken angewendet werden kann, da nicht alle Produkte nach dem idealtypischen Produktlebenszykluskonzept verlaufen. Ein weiterer Kritikpunkt ist, dass die Abgrenzung der einzelnen Phasen unklar ist und man aus diesem Grund nicht genau definieren kann in welcher Phase ein Produkt sich befindet. Außerdem werden häufig die internen und externen Einflussfaktoren außer Acht gelassen, welche den Lebenszyklus eines Produkts beeinflussen. Aus diesem Grund ist der Produktlebenszyklus eher ein Erklärungsmodell und kein Entscheidungsmodell, weshalb es sich für Planungszwecke meist nicht eignet. Daraus folgt, dass die Phasen häufig erst nach dem Ausscheiden des Produkts aus dem Markt bestimmt werden können. Dennoch lässt sich sagen, dass Produktlebenszyklen, aufgrund von technischem Fortschritt, so wie Konkurrenzdruck kürzer werden und die Unternehmen damit vor der großen Herausforderung stehen den Kundenbedürfnissen gerecht zu werden (vgl. Mittermeier, 2013).

Literatur- und Quellenverzeichnis

Coca-Cola: http://www.coca-cola-deutschland.de/unternehmen/coca-cola-weltweit (25.06.2016)

Hofmann, Alexandra (2014): Portfolio Management: Eine Untersuchung von Möglichkeiten und Grenzen der verschiedenen Methoden. Hamburg

Mittermeier, Alexander (2013): Produktlebenszyklus: Kritik am Produktlebenszyklus. http://www.gevestor.de/details/produktlebenszyklus-kritik-am-lebenszyklusmodell-647016.html

Rennhak, Carsten/Opresnik, Marc Oliver (2016): Produktpolitik. Marketing: Grundlagen. Berlin, Heidelberg.

Kuß, Alfred (2006): Marketingplanung (Teil 1). Marketing-Einführung: Grundlagen, Überblick, Beispiele. 3. Aufl. Wiesbaden.

Kotler, Philip/Armstrong, Gary/Wong, Veronica/Saunders, John (2011): Grundlagen des Marketing. 5. Aufl. München

Schwarz, Erick J./Krajger, Ines/Dummer, Rita (2013): Von der Geschäftsidee zum Markterfolg. Das Management von Innovationen in Gründungs- und Wachstumsunternehmen. 2. Aufl. Wien.

BEI GRIN MACHT SICH IHR WISSEN BEZAHLT

- Wir veröffentlichen Ihre Hausarbeit, Bachelor- und Masterarbeit

- Ihr eigenes eBook und Buch - weltweit in allen wichtigen Shops

- Verdienen Sie an jedem Verkauf

Jetzt bei www.GRIN.com hochladen und kostenlos publizieren